CATALOGUE

D'une belle Collection

DE TABLEAUX

ANCIENS ET MODERNES,

DES DIVERSES ÉCOLES.

CATALOGUE

D'UNE COLLECTION

DE TABLEAUX

ANCIENS ET MODERNES,

DES DIVERSES ÉCOLES,

Formant le cabinet de feu M. MÉRY DE MONTIGNY, ancien colonel de la Garde nationale de Lille,

DONT LA VENTE SE FERA,

Pour cause de son décès,

Le mercredi 2 juillet 1851, au domicile du défunt, rue Nationale, N.° 26, à Lille, à onze heures du matin,

Par le ministère de Me. PAJOT, Commissaire-priseur, assisté de M. TENCÉ.

EXPOSITION PUBLIQUE

Les lundi 30 juin et mardi 1.er juillet, de dix à quatre heures.

LILLE,
IMPRIMERIE DE L. DANEL.
1851

N. B. Un magnifique Festival doit être célébré à Lille, dans les journées des 29 et 30 juin et des 1.er et 2 juillet 1831, à l'occasion de la fête communale de la ville.

———

Ce Catalogue se distribue :

A LILLE, chez M Tenck, marchand de tableaux et de curiosités, rue des Chats-Bossus, 3, et chez M. Lebrun, marchand d'estampes, rue l'squermoise, 31.

A PARIS, chez M.

———

DÉSIGNATION

DES

TABLEAUX.

ADAM (Victor).

N.° 1. Reddition d'Ulm.

M. Adam, qui s'est fait une brillante réputation comme peintre de scènes militaires, s'est encore surpassé dans ce tableau qui représente l'un des faits importants de l'épopée impériale. On y remarque plusieurs des généraux les plus célèbres de l'époque, et avant tout, l'empereur Napoléon dont la tête est d'une grande ressemblance. L'empereur est à pied, accompagné de son état-major; le maréchal Ney lui présente le général Mack, qui commandait dans Ulm. Tous ces personnages sont d'une ressemblance frappante. L'armée française manœuvre dans la plaine. Ulm se déploie dans le fond. La gravure de ce tableau plein d'intérêt a obtenu un succès populaire.

BERGHEM (ÉCOLE DE).

N.° 2. Un berger, entouré de vaches et de moutons, est occupé à traire une chèvre.

BLOEMEN (Pierre Van).

N.° 3. Passage d'un torrent par une caravane.

Ce tableau, magnifique de composition, fut fait par le peintre à son retour d'Italie où il était allé s'inspirer des grands maîtres. Il est généralement connu comme un de ses meilleurs ouvrages. Vigueur de dessin, coloris brillant, disposition habile, tout le signale à l'attention des amateurs.

BOICHART.

N.° 4. Une vue d'Auvergne.

DU MÊME.

N.° 5. La falsification du lait.

Ce tableau, d'un effet agréable, offre une idée piquante, heureusement rendue.

DU MÊME

N.° 6. Les loisirs de la vie de campagne.

Un homme assis sur une terrasse qui domine un lac, fume, négligemment étendu à côté de sa femme et de sa fille.

DU MÊME.

N.° 7. Deux jeunes paysannes sont assises sous un arbre. L'une effeuille une marguerite : à leurs pieds reposent des paniers de fleurs et de fruits; un jeune berger les regarde de loin.

Tableau gracieux.

DU MÊME.

N.° 8. Les adieux au village.

Deux jeunes paysans, fille et garçon, s'éloignent de leur chaumière. Le jeune garçon envoie un dernier adieu à ses vieux parents. La jeune fille pleure douloureusement sans avoir le courage de se retourner.

BREUGHEL, dit LE VIEUX.

N.° 9. Agar et son fils renvoyés par Abraham.

Dans le fond Sarah les regarde partir. Bon tableau bien conservé.

CAZATI.

N.° 10. Départ pour la pêche.

DU MÊME.

N.° 11. De jeunes enfants assis sur le rivage jouent avec des poissons, produit de la pêche; ils attendent des barques que l'on voit arriver.

COENNE (De)

N.° 12. Intérieur.

Apprêts d'une collation. Plusieurs femmes en costume du XVII.° siècle. Cette petite toile est d'une peinture remarquablement fine.

COGELS (Jean).

N.° 13. Petit paysage, d'après nature.

CRAYER (Gaspard de).

N.° 14. Assomption de la Vierge.

Esquisse hardie où se trouvent savamment groupés un grand nombre de saints personnages voyant s'élever dans le ciel la mère de Jésus-Christ.

DEGRAILLY (Victor).

N.° 15. Une vue prise dans les Vosges.

Paysage fortement accidenté et d'un effet très-pittoresque. C'est un des bons tableaux de ce peintre.

DELAROCHE (D'après Paul).

N.° 16. Scène d'Athalie.

Josabet fuit épouvantée avec la nourrice du jeune Joas, qui semble près de mourir dans leurs bras.

DIÉTRICY.

N.° 17. L'Ange et Tobie.

L'Ange Gabriel guide le jeune Tobie qui porte sur le dos un poisson. Un chien se désaltère à un ruisseau. Une naïveté touchante règne dans toute cette composition.

DUCHATEL.

N.° 18. Portrait d'une riche bourgeoise du XVII.° siècle.

EVERDINGUE (Albert Van).

N.° 19. Vue du Mordyck.

La vaste plaine des eaux qui s'étend à perte de vue est couverte de nombreuses embarcations. Sur le premier plan, deux personnages, homme et femme, sont arrêtés et considèrent attentivement une barque de pêcheurs. La perspective est admirablement entendue dans ce tableau, et l'effet général est d'une vérité que rien ne peut surpasser. Cette peinture a fait partie du cabinet de M. Maes, de Gand.

FINART.

N.° 20. Rencontre de cavaliers circassiens et géorgiens.

Chevaux de différentes races. Cette petite toile a obtenu les suffrages de tous les amateurs.

DU MÊME.

N.° 21. Paysage de la Normandie, d'après nature.

Un cavalier demande sa route à des paysans qui gardent un troupeau.

FONTENAI (Blain de)

N.° 22. Un riche bouquet dans un vase.

FRANCK (École de)

N.° 23. Les frères de Joseph arrêtés par des cavaliers qui trouvent la coupe dans le sac de Benjamin.

Paysage enrichi de nombreuses figures.

GROS (École de).

N.° 23 bis. La mort de César.

GUIDE (École de).

N.° 24. Une tête de Madeleine.

DU MÊME.

N.° 25. Sainte Lucie.

HEEM (David de).

N.° 26. Fruits et accessoires.

Une touche légère et vigoureuse, une imitation parfaite de la nature, qualités habituelles chez ce maître célèbre, distinguent particulièrement cette production.

HONNECROY (Sébastien).

N.º 27. La Vierge, Sainte Anne et l'Enfant-Jésus entourés d'une guirlande de fleurs.

Ce tableau est signé et daté de 1665.

INCONNU.

N.º 28. Vue du Colysée.

INCONNU.

N.º 29. Naissance de Sainte Marthe.

Peinture ancienne sur bois.

INCONNU.

N.º 30. Adoration des Mages.

Antique parfaitement conservé.

INCONNU.

N.º 31. Portrait d'un noble Hollandais daté de 1620.

École de Frans Hals.

INCONNU.

N.º 32. Arrivée des onze mille vierges à Cologne.

Tableau du 15.e siècle, très-curieux et d'une conservation parfaite.

INCONNU.

N.º 33. Portrait d'une dame noble daté de 1618.

École de Mirvelt.

INCONNU.

N.º 34. Les Vendanges.

JORDAENS (École de).

N.º 35. Jupiter et Mercure chez Philémon et Baucis.

LARGILLIÈRE.

N.º 36. Portrait du peintre Laforest par Largillière, son gendre.

Il est représenté assis en face de son chevalet, ses pinceaux à la main.

Le naturel de la pose et la richesse du coloris recommandent ce portrait comme un des meilleurs du maître.

LEBRUN et MONNOYER (BAPTISTE).

N.º 37. De riches guirlandes de fleurs variées forment un grand chiffre composé des lettres P et V entrelacées, et surmonté d'une couronne de fleurs au-dessus de laquelle se voit la croix de Saint-Louis figurée par des lis.

La décoration de la Toison-d'Or pend à l'extrémité inférieure de ce chiffre, qui est soutenu par des génies au nombre de trois, tandis qu'un quatrième attache le grand cordon du Saint-Esprit au cou d'un lion couché dans le bas du tableau, et tenant entre ses pattes un bâton de maréchal de France.

DES MÊMES.

N.º 38. Des guirlandes de fleurs présentent un chiffre composé d'un M surmonté, comme le précédent, d'une couronne de fleurs au faîte de laquelle apparaît encore la croix de Saint-Louis formée également par des lis.

Des génies, dans des attitudes différentes, sont occupés soit à tresser ces guirlandes, soit à y rattacher un écusson décoré d'une croix sur un fond rouge.

DES MÊMES.

N.º 39. Ce troisième tableau, qui est comme le complément des deux autres, offre le chiffre de Louis XIV formé de guirlandes entrelacées, au-dessus duquel se développe une riche couronne de fleurs où dominent les lis, et soutenu aussi par des génies.

Au milieu du chiffre royal est appendue la grande plaque de l'ordre du Saint-Esprit, et dans le fond brille le soleil, emblème du monarque.

Tous les détails de ces tableaux, ces chiffres héraldiques, ces croix de Saint-Louis, ces plaques du Saint-Esprit, ce bâton de maréchal, ce lion, symbole de la force et de la victoire, indiquent qu'ils ont été commandés par une des plus puissantes familles de l'ancienne France au premier peintre de fleurs et au plus célèbre peintre d'histoire du siècle de Louis XIV. Le troisième tableau, tout à l'honneur du roi, a été fait pour figurer entre les deux premiers comme un hommage au pouvoir suprême dont nul alors ne pouvait se dispenser, et très-probablement aussi comme un témoignage de reconnaissance pour de hautes et brillantes faveurs répandues sur cette famille, dont le nom ne nous est pas connu d'une manière incontestable, mais que diverses circonstances signalent avec tous les caractères d'une grande vraisemblance. L'écusson qui se voit sur l'un des tableaux est de *gueules à la croix pleine d'argent*. Ces armes sont celles de la maison de Savoie et aussi celles de l'ordre de Malte. On sait qu'il y a eu un maréchal de France nommé Savoie-Villards qui portait ce même blason dans son écu. Dès-lors se trouveraient naturellement expliqués le cordon bleu et le bâton de maréchal qu'on remarque dans ces tableaux, dont l'intérêt historique ajoute encore au mérite qui les distingue comme œuvre d'art.

LECOEUR.

N.° 40. Visite chez la nourrice.

Une grande dame vient voir son enfant. Il sourit à sa mère tout en ne voulant point quitter sa nourrice. Peinture fine, composition riante.

DU MÊME.

N.° 41. Une grande dame, que sa voiture attend dans le fond, est descendue pour donner l'aumône à une pauvre mère de famille.

MALLET.

N.° 42. Deux époux, en costume du XVII.ᵉ siècle, regardent les jeux de leurs enfants.

Cette jolie scène doit plaire à tout le monde.

MARTIN.

N.° 43. Choc de cavalerie autrichienne et turque sur les bords du Danube.

Tableau de bataille plein d'action; c'est un bon ouvrage du meilleur élève de Van der Meulen.

MONNOYER (baptiste).

N.º 44. Un magnifique tableau de ce maître, dans lequel sont réunis une masse de fruits, raisins rouges et blancs, une énorme grenade ouverte, melons, figues, pommes et fleurs. Au bas, un écureuil croquant une noisette ; à gauche, petits cochons d'Inde, et plus haut, à droite, un magnifique perroquet vert becquetant des raisins.

Tableau d'une savante et large exécution et d'un beau coloris.

DU MÊME.

N.º 45. Un grand bouquet de fleurs dans un vase.

ORRENTE (Pierre).

N.º 46. Les noces de Cana.

C'est le moment où le Christ, assis à table à côté de sa mère, opère le miracle de l'eau changée en vin. Orrente, qui travailla longtemps à Venise, sut fondre dans la belle manière de l'école espagnole, à laquelle il appartient, plusieurs des qualités brillantes des Italiens. Le tableau dont nous parlons en ce moment en est une preuve remarquable. On en voyait une copie au Musée espagnol du Louvre.

PALAMÈDE et VAN DELEN (Thierry).

N.º 47. Sous un vaste portique soutenu par de belles colonnes cannelées, plusieurs enfants de noble famille s'amusent à jouer aux quilles.

A gauche, sur le seuil d'un magnifique palais dont la façade offre le modèle d'une somptueuse architecture hollandaise, un militaire regarde le jeu des enfants, qui a aussi attiré l'attention d'un autre personnage remarquable par son costume et la gravité de son attitude. A droite se présente un groupe de trois dames et un cavalier qu'accompagne une belle levrette. Dans le fond s'étend le parc attenant au palais ; on y voit encore plusieurs figures dans diverses attitudes. Au-dessus du portique dont nous avons parlé au commencement, différents personnages paraissent se livrer à une conversation animée. Ces figures, au nombre de plus de vingt, sont, par la finesse du dessin et la précision des détails, parmi les plus belles qui soient sorties du pinceau de Palamède, et jamais Van Delen n'a rien fait de plus correct et de plus savant comme tableau d'architecture. Il est signé D. Van Delen, 1637.

PALTHE (G.-F).

N.° 48. Portrait du peintre par lui-même.

Il regarde un médaillon à la lueur d'une chandelle. Exécution très-remarquable par la vérité de l'effet. Ce tableau vient du cabinet de M. Maes, de Gand.

PIGAL.

N.° 49. L'enfant prodigue.

Un père, le visage courroucé, se tourne à demi vers un jeune homme au maintien abattu. La mère l'exhorte à prendre courage. Une jeune sœur interroge le père du regard en attirant son frère. C'est une scène très-touchante. Ce tableau a figuré à l'exposition du Louvre.

DU MÊME.

N.° 50. Retour de la chasse.

Autour d'une table couverte de gibier, sont groupés plusieurs personnages. Un chasseur, tenant en main une bouteille, sonne du cor aux oreilles d'une jeune servante qui se les bouche tout en riant; une autre caresse un chevreuil, un vieux garde demande à boire. Le talent naïf, original et vrai qui a fait la réputation de M. Pigal, se retrouve tout entier dans ces deux tableaux.

REMBRANDT (Manière de).

N.° 51. Scène d'intérieur.

Deux femmes, près d'un enfant endormi, sont occupées l'une à prier et l'autre à lire.

ROBBE, de Courtrai.

N.° 52. Taureau, moutons et bélier.

Les scènes d'animaux de ce rival de Verbœkhoven, ont un mérite trop généralement connu en France et en Belgique, pour que nous ayons besoin d'insister plus longtemps sur les qualités de ce tableau.

ROBERT.

N.° 53. Un homme se penche à la fenêtre d'un ancien édifice dont la façade est enrichie de détails que le peintre a rendus avec soin.

SCHALKEN (Godefroi).

N.º 54. La belle Hollandaise.

Ce tableau faisait partie du cabinet de M. Schamp, de Gand, et se trouvait ainsi décrit sous le N.º 31 du catalogue : « Une jeune femme à » la figure riante, est éclairée par la lueur d'une chandelle qu'elle tient » à la main. Les sujets de ce genre sont de ceux que l'on recherche le » plus dans l'élève de Dow. Ce tableau, d'un piquant effet, provient de « la vente de Lebrun, à Paris. »

SEMAU-FANELLI.

N.º 55. Le Calvaire.

Jésus est élevé en croix entre les deux larrons. Dans le lointain, Jérusalem plongée dans les ténèbres. La foudre éclate sur le temple. Les morts sortent de leurs tombes; le peuple fuit avec épouvante. Une éclaircie laisse tomber du ciel une abondante lumière sur le calvaire. Scène très-dramatique et dont la gravure a obtenu un grand succès. Ce tableau a figuré à l'exposition du Louvre en 1837, sous le N.º 96.

VERBRUGGEN (Gaspard-Pierre).

N.º 56. Un bas-relief représentant des bergers et des satyres entouré d'une riche guirlande de fleurs.

Tableau d'une exécution ferme et brillante.

VERNET (D'après Horace).

N.º 57. Judith et Holopherne.

Bonne copie du célèbre tableau de ce peintre, qui a figuré à l'exposition du Louvre, et se trouve aujourd'hui au musée du Luxembourg.

VÉRONÈSE (Carletto).

N.º 58. Le repas chez Simon.

Sous un vaste portique d'une magnifique architecture, est dressé la table du festin. Un grand nombre de personnages y figurent dans des attitudes très-variées. Nous appelons particulièrement l'attention des amateurs sur ce tableau de l'école de Paul Véronèse dont il reproduit à beaucoup d'égards les belles qualités.

VRIES (Jean Fredeman de)

N.º 59. Un paysage.

WOUVERMANS (D'après).

N.º 60. Un vivandier sur son cheval, traverse à gué une rivière; il est suivi d'un personnage.